AF320730

LE Traité sur la Musique des Chinois tant anciens que modernes, qui occupe la plus grande partie du sixième volume de ce Recueil, a été composé par M. Amiot, Missionnaire à Pe-king & envoyé en France en 1776. Ce n'est point la traduction d'un Ouvrage fait par quelque Auteur chinois, mais un travail particulier de M. Amiot, dans lequel, d'après les différens écrits des Chinois, il se propose de faire connoître la Musique ancienne & moderne de ces peuples, de même que M. Burette a fait, d'après Plutarque & les autres Ecrivains de l'Antiquité, pour la Musique des Grecs; ainsi cet Ouvrage renferme sur ce sujet le système particulier de M. Amiot, formé sur les textes assez obscurs des anciens Auteurs chinois qu'il entreprend d'expliquer, & sur lesquels il fait des conjectures qui peuvent souffrir des difficultés, malgré les secours d'un Lettré chinois avec lequel il a travaillé.

En 1743, & dans les années suivantes jusqu'en 1754, M. Amiot avoit envoyé par parties un autre Ouvrage sur le même sujet, c'est-à-dire la traduction d'un Traité composé par un Chinois nommé Li-kouang-ti, qui vivoit sous l'Empereur Kang hi. Cet Auteur a rassemblé tous les textes qui se trouvent épars dans les Anciens & les Mo-

dernes, & y a joint ses explications. Malgré de longs & ennuyeux détails sur les effets de la Musique, sur les cérémonies & sur la morale, ces simples textes nous paroissent préférables à tout système particulier qu'on ne propose que d'après ces mêmes textes; & nous sommes surpris que M. Amiot dise à présent qu'on ne doit point compter sur cette traduction qu'il a envoyé autrefois. Nous pensons donc que ceux qui voudront examiner cette ancienne Musique, ne doivent s'attacher qu'aux plus anciens Auteurs qui sont plus voisins des tems où elle a été établie chez les Chinois, soit que ceux-ci l'aient inventée eux-mêmes, soit qu'ils l'aient reçue de quelque nation étrangère, & c'est ce dernier sentiment qui nous paroît le plus certain, puisque l'on trouve beaucoup de traces de conformité entre cette ancienne Musique & celle de Pythagore; après l'avoir reçue, les Chinois modernes, moins au fait de l'ancienne philosophie à laquelle comme chez les Grecs tenoit le système musical, ont beaucoup écrit sur ce sujet & ont proposé différentes conjectures qui, loin d'éclaircir cette matière, n'ont servi qu'à la rendre plus obscure.

On avoit envoyé à M. Amiot l'excellent Traité de M l'Abbé Roussier sur l'ancienne Musique, dans

A

lequel l'Auteur prétend que les Chinois n'avoient qu'un reste de gamme qu'il regarde comme une portion de la Musique égyptienne, & où il soutient qu'en joignant cette partie à celle que les Grecs ont empruntée de ces mêmes Egyptiens, on parvient à retrouver tout le système musical de ceux-ci. M. l'Abbé Roussier avoit eu en communication les premiers manuscrits de M. Amiot ou la traduction de l'Ouvrage de Li-kouang-ti, à laquelle il a les plus grandes obligations, puisqu'il y a trouvé les douze termes de la progression triple de Pythagore; ce qui est contraire à ce qu'il dit, que les Chinois n'avoient que la fin de la gamme égyptienne.

Quoi qu'il en soit, c'est d'après cet Ouvrage de M. l'Abbé Roussier que M. Amiot a entrepris celui que nous annonçons; il regrette que M. l'Abbé Roussier n'ait pu puiser lui-même dans les écrits des Chinois; il y auroit vu, dit-il, qu'avant Pythagore & avant Mercure, les Chinois connoissoient la division de l'octave en 12 demi tons, la progression triple des 12 termes, depuis 1 jusqu'à 177147; qu'outre la connoissance des cinq tons, ils avoient encore celle de deux demi-tons pour completter leur gamme; d'où il résulte, selon lui, que le système musical des Chinois n'est point une portion démembrée de celui des Egytiens. M. Amiot ajoute que, d'après plusieurs autres connoissances semblables, M. l'Abbé Roussier auroit conclu que l'heptacorde des anciens Grecs, la lyre de Pythagore, son inversion des tetracordes diatoniques & la formation de son grand système, sont autant de larcins faits aux Chinois du premier âge. Ainsi M. Amiot reconnoît & avoue qu'il y a en effet entre la Musique chinoise & celle des Egyptiens & des Grecs, une très-grande conformité; mais il soutient que ces deux derniers Peuples ont pris leur système chez les Chinois, qui, dès leur origine, se sont livrés, dit-il, aux opérations les plus pénibles de la Géométrie, aux calculs les plus longs & les plus rebutans de la science des nombres & à d'autres détails, au moyen desquels ils ont obtenu la vraie mesure des intervalles.

M. Amiot convient donc que M. l'Abbé Roussier a très-bien prouvé la conformité de la Musique Egyptienne, Grecque & Chinoise; mais il veut que la base de cette Musique ait été établie à la Chine, que Pythagore, par adresse & pour déguiser son larcin, a appliqué aux cordes ce que les Chinois ont attribué aux tuyaux; enfin, que ce Philosophe grec a voyagé à la Chine, & que c'est-là où il s'est instruit des principes de la Musique; il faudroit probablement faire les mêmes reproches à Platon M. Amiot soutient encore que les Egyptiens, les Grecs & toutes les autres Nations ont puisé les principes des arts & des sciences chez les Chinois; ainsi ces Peuples deviennent les instituteurs de tous les autres. M. l'Abbé Roussier lui-même, qui, dans son Ouvrage, avoit dit que les Chinois tenoient de l'Egypte leur fyftême mufical, change de fentiment dans ce volume de M. Amiot qu'il a publié, & adopte le voyage de Pythagore à la Chine, quoique dans le cours de l'Ouvrage, auquel il a joint des notes, il foit obligé fouvent de contredire M. Amiot & de relever l'ignorance des Chinois; c'eft fuir la vérité que l'on apperçoit.

M. Amiot fixe l'époque de l'invention de cette Mufique chinoife & de fon fyftême approfondi dans toutes fes parties, c'eft-à-dire la perfection même de cette fcience, à l'an 2637 av. J. C. fous le règne de Hoang-ti. Mais avant tout, ne feroit-il pas néceffaire de prouver que les Chinois étoient dès-lors une grande & une puiffante nation qui avoit cultivé tous les arts avec le plus grand fuccès longtems auparavant, & il faudroit le prouver contre le témoignage même des Annales chinoifes, qui nous montrent les arts encore dans le berceau fous ce Prince. En effet, on commençoit alors à faire des barques & divers inftrumens de bois pour les ufages les plus néceffaires; on apprenoit aux femmes à filer; il y a même des Auteurs qui difent que fous ce règne on inventa l'écriture. Eft-il poffible que de tels hommes fe foient livrés à des recherches auffi abftraites & auffi difficiles que le font les proportions harmoniques & tout le fyftême mufical, tel que M. Amiot le conçoit & le préfente; & fi tout ce règne eft auffi fabuleux que celui de Saturne, que deviennent alors fes

prétentions? Nous avons un autre reproche à lui faire. Lorfqu'on adopte des fables & des fictions, comme le font tous les évènemens du règne de Hoang-ti, il faudroit au moins les copier en entier & n'en pas fupprimer ce qui eft contraire au paradoxe que l'on veut foutenir. Suivant M. Amiot, d'après un Auteur plein de fables, ce fut Ling-lun, Miniftre de Hoang-ti, qui établit ces proportions harmoniques fur différens tuyaux qu'il alla couper en Tartarie, comme s'il n'y en avoit pas à la Chine; mais ce que M. Amiot ne dit point, ni dans fon imprimé, ni dans le manufcrit dont on s'eft fervi pour imprimer, c'eft que fuivant les Annales, ce *Ling-lun*, qui étoit un homme venu de loin, étoit originaire d'un pays qu'elles nomment *Ta-hia*, pays que tous les Chinois modernes font répondre à ce que nous appellons le *Khorafan* en Perfe. Voilà donc les Chinois, de leur propre aveu, inftruits dans une fcience qui avoit tant de rapport à leur gouvernement & qui en faifoit partie, par un homme venu de l'Affyrie ou de la Perfe; ce n'étoit donc point un Chinois, & les Chinois ne font donc point les inventeurs de toutes les fciences. Si l'on examinoit fans préjugé tous leurs monumens, on trouveroit qu'ils ont fait dans les fiècles plus modernes où ils exiftoient réellement beaucoup de femblables larcins dont ils fe font honneur; ils font donc bien éloignés d'avoir policé, comme le prétend M. Amiot, toutes les autres nations.

A quelle époque faudroit-il fixer le paſſage des arts & des ſciences de la Chine vers l'occident, puiſque nous voyons que ſous Moyſe, & bien auparavant, les Egyptiens étoient déjà une nation inſtruite & policée ? Il reſteroit ſans doute quelques veſtiges de cet ancien commerce de la Chine avec les Nations occidentales. Mais, comme nous l'avons dit, tout ce que l'on rapporte de Hoang-ti n'eſt qu'un tiſſu de fables ; ainſi, quoique nous inſiſtions ſur la patrie de Ling lun, ce n'eſt pas dans le deſſein de faire voir que les Chinois doivent les principes de leur muſique à quelque Nation occidentale, mais ſeulement pour avertir que M. Amiot, perſuadé de la vérité de tout ce que l'on dit du règne de Hoang-ti, n'auroit pas dû paſſer ſous ſilence cette circonſtance qui ſemble détruire ſon ſentiment.

Continuons de ſuivre l'expoſé hiſtorique qu'il fait de l'état de la Muſique dans les différens ſiècles, afin que nous puiſſions mieux connoître la vérité. Cette belle théorie que les profondes méditations de Ling-lun lui avoient fait découvrir, ne fut pas long-tems connue. Sous la dynaſtie de Hia, ſelon M. Amiot, on commença à varier ; on continua ſous celle des Chang, 1783 ans av. J. C. Il parle de cette Muſique ſous ces époques, comme ſi l'on avoit ſur ce ſujet les monumens les plus authentiques, & cependant on n'en a aucun. Sous celle des Tcheou, 1122 ans av. J. C. cette Muſique déchut de ſon ancienne ſplendeur avec la puiſſance de cette dynaſtie ; la théorie de la Muſique fut entièrement négligée lorſque les guerres mirent la déſolation dans l'empire : or ces guerres commencèrent dès avant l'an 722 av. J. C., & par conſéquent avant le ſiècle de Pythagore. Si après cette époque ce Philoſophe grec paſſa à la Chine, comme le prétend M. Amiot, ſans pouvoir en donner de preuve, ce que M. l'Abbé Rouſſier adopte également, que put-il y apprendre, puiſque les principes de la Muſique étoient déjà dans l'oubli ? Et ſi l'on vouloit adopter ce voyage imaginaire de Pythagore à la Chine, on pourroit ſoutenir également qu'il y porta toute cette doctrine, puiſqu'on n'en a des monumens que depuis Confucius, qui eſt poſtérieur au Philoſophe grec.

Après les Tcheou, l'an 248 av. J. C. vinrent les Tſin qui bouleverſèrent tout ; les Han qui leur ſuccédèrent l'an 206 av. J. C. tentèrent de raſſembler les anciens monumens : ſelon M. Amiot, ceux qui s'occupèrent de la Muſique, calculèrent mal parce qu'ils n'entendoient pas bien tous les myſtères qui ſont renfermés dans les nombres ; & ceux qui ſont venus après eux ſe ſont encore plus égarés : voilà ce que dit le Prince Tſai-yu, qui, dans le dernier ſiècle, a travaillé ſur ce ſujet & que M. Amiot cite. Mais pour affoiblir un peu ce témoignage, ce Miſſionnaire veut que ſous les Han, dans les provinces méridionales, quelques Lettrés du premier rang fe foient attachés à conferver les anciens ufages & furtout la mufique dans toute leur pureté ; ce n'eft qu'une conjecture ; d'ailleurs ce qu'ils auroient confervé ne précède point le tems de Confucius.

La chaîne hiftorique de la Mufique chinoife, telle que M. Amiot la préfente, paroîtra fans doute bien hafardée & encore plus interrompue. De l'an 265 de J. C. il paffe tout d'un coup à l'an 618. Suivant l'Auteur chinois qu'il a cité, ceux qui travaillèrent fous les Han fe font égarés. Les Sçavans, après l'an 618, s'attachèrent à raffembler les écrits de ceux qui les avoient précédés, & vers l'an 907 jufqu'à l'an 960, la Chine redevenue guerrière, corrompit encore fes mœurs & fa Mufique, qui cependant n'étoit plus cette ancienne Mufique fi vantée.

Sous les Song, dans les 10, 11, 12e fiècles de l'Ere chrétienne, les Lettrés qui écrivirent fur toutes fortes de fujets, rejettèrent, dit M. Amiot, tout ce qu'ils n'entendoient pas, dédaignèrent ce qui leur paroiffoit trop fimple, & travaillèrent plutôt à tout obfcurcir qu'à expofer le vrai fyftême de la Mufique ; mais afin que tout ne foit point perdu, il veut encore que quelques - uns aient confervé plufieurs monumens antiques fur la Mufique : or, fi l'on adopte le fentiment de M. Amiot, il y a bien loin du 12 & du 13e fiècles de l'Ere chrétienne à l'an 2637 av. J. C. pour la confervation de ces principes, & il faut avouer qu'ils ont fouffert bien des révolutions,

furtout quand on eft obligé de convenir, comme il le dit, que depuis la dynaftie des Tcheou on s'étoit égaré fur les principes de cette Mufique, furtout encore quand il ne refte aucun écrit des tems antérieurs à cette dynaftie. Quoi qu'il en foit, c'eft dans ces fources confervées, dit-on, par les Lettrés de la dinaftie des Song des 12 & 13e fiècles de l'Ere chrétienne, que le Prince Tfaiyu en 1596 a puifé le vrai fyftême de l'ancienne Mufique chinoife. Le fçavant Li-kouang-ti, en 1727, a écrit fur le même fujet & a raffemblé les textes de différens Auteurs depuis le tems de Confucius. Mais, comme nous l'avons dit, il n'y en a aucun avant cette époque ; & le Prince Tfai-yu, fur lequel M. Amiot s'appuye, paroît avoir mal entendu ce que les Anciens ont laiffé ; il ne faut que jetter les yeux fur la planche XIV, fig. 9, & fur la planche XXI, fig. 18, pour voir combien les Chinois font éloignés des vrais principes.

Tel eft le précis hiftorique de l'état de la Mufique à la Chine, fuivant M. Amiot, d'abord parfaite fous Hoang-ti 2637 ans av. J. C. & peu de fiècles après, altérée & enfin perdue, de manière que c'eft en 1596 de J. C. qu'un Auteur en rétablit le vrai fyftême. Cet Auteur eft Tfai-yu que M. Amiot a fuivi en partie dans l'Ouvrage que nous annonçons : car ce n'eft point une traduction qu'il donne, mais, comme nous l'avons dit, un fyftême qu'il forme lui-même fur celui de Tfai-yu & d'après l'Ouvrage de

M. l'Abbé Rouſſier qui, dit-il, lui a fait ouvrir les yeux ſur la Muſique chinoiſe, & l'a éclairé ſur une foule d'objets qu'il ne faiſoit qu'entrevoir : il me ſembloit, dit-il, que j'étois devenu un des diſciples du fameux Pythagore. On ſera ſurpris de ces aveux qui ſont fondés ſur la conformité des principes fondamentaux de la Muſique chinoiſe & de celles de Pythagore, principes que les Chinois modernes ont ſi mal entendus, qu'ils les ont rendus par leurs explications beaucoup plus obſcurs qu'ils ne le ſont. En effet, on trouve dans les livres chinois pluſieurs paſſages d'anciens Auteurs qui ont vécu depuis l'an 300 avant J. C. ou vers l'Ere chrétienne, qui méritent une attention particulière, & qui peuvent concourir à nous faire entendre divers paſſages d'Auteurs grecs ſur l'ancienne Muſique, en même tems que ceux-ci ſervent à nous expliquer ces mêmes textes chinois qui ſont preſque inintelligibles ſans le ſecours des Grecs. Nous avons eu quelquefois occaſion de remarquer qu'en rapprochant ce que dit Plutarque dans ſes différens Traités de certains textes chinois, il en réſultoit une plus grande lumière.

M. Amiot ſe livre avec trop de confiance à une foule d'Ecrivains modernes qui veulent faire remonter aux tems les plus reculés ce qui concerne leur nation, & qui ne ſont pas aſſez anciens ni aſſez bons critiques pour qu'on puiſſe employer leur témoignage. Il ſe trompe ſouvent ſur l'âge de quelques Ouvrages que ſon enthouſiaſme pour les Chinois lui fait placer à des époques trop anciennes. C'eſt ainſi qu'en parlant de Hoai-nan-tſe il dit, p. 120, que cet Auteur vivoit pluſieurs ſiècles av. l'Ere chrétienne, & cependant Hoai-nan-tſe vivoit vers l'an 105 av. J. C. En parlant du Koue-yu il dit que ce livre a été fait plus de 500 ans av. J. C. : s'il eût examiné cet Ouvrage qui d'ailleurs eſt ſuſpect, il auroit vu qu'il y eſt parlé de Princes qui ſont poſtérieurs à cette époque. Quand on employe un Auteur, il faut examiner le degré de confiance qu'il mérite, & ne pas prendre pour d'anciens Ecrivains, tous ceux qui ont prétendu l'être, & qu'on regarde quelquefois comme tels. La Chine en préſente beaucoup de cette eſpèce, & quiconque n'y fait pas attention eſt expoſé à s'égarer.

L'Ouvrage que nous annonçons eſt diviſé en trois parties : dans la première, il eſt queſtion du ſon en général, regardé comme un bruit iſolé, qui a un éclat plus ou moins fort & une durée plus ou moins longue, &c. Les Chinois en diſtinguent de huit eſpèces différentes, & penſent que pour les produire, la nature a formé huit ſortes de corps ſonores, qui ſont, la *peau* tannée des animaux, la *pierre*, le *métal*, la *terre* cuite, la *ſoie*, le *bois*, le *bambou* ou le *roſeau*, & la *calebaſſe*. Ce ſont les tambours qui produiſent le ſon de la peau.

Une pierre ſonore qu'on trouve à la Chine a ſervi à faire un inſtrument nommé *king*, que l'on employe beaucoup dans la Musique.

Le son du métal est rendu par les cloches, instrument, dit-on, fort ancien chez les Chinois qui en ont formé un assortiment pour en tirer tous les sons de leur systême musical.

Un instrument de terre cuite, fait en forme d'œuf, avec un trou vers la pointe, auquel on en joint d'autres, produit un son & différens tons qui sont le son de la terre.

Avant que les Chinois eussent inventé l'art de travailler la soie, dit M. Amiot, & de l'employer à la fabrication des étoffes, ils avoient trouvé le secret de la faire servir à leur musique, & en avoient fait les cordes de leurs instrumens; voilà ce qu'on appelle le son de la soie.

Le son du bois résulte d'une espèce de boisseau de bois & de quelques petites planches qui servoient à battre la mesure.

Le son du bambou est celui des flûtes. Ce sont ces tuyaux que Ling-lun alla couper en Tartarie, & d'après lesquels il assigna les vraies proportions des tons.

Quant au son de la calebasse, on s'est servi de cette production pour former le corps d'un instrument sur lequel on a attaché différens petits tuyaux.

Après avoir décrit tous ces différens instrumens, selon les idées des Chinois Modernes, & en avoir représenté la figure sur des planches, M. Amiot passe à la seconde Partie, & traite des Lu ou de ces 12 tuyaux dont nous avons parlé, d'après lesquels on a établi tous les principes de la Musique, 2637 ans av. J. C. selon les Chinois.

M. Amiot parle d'abord de ces 12 Lu en général, ensuite de chacun d'eux en particulier, de leur différente nature & de leur accord avec les 12 lunaisons en commençant au solstice d'hiver.

Il entre dans un grand détail sur les proportions & les dimensions de ces 12 tuyaux dont il fixe, comme nous l'avons dit, l'invention au règne de Hoang-ti. Mais il est obligé d'avouer que les Chinois ont perdu de très-bonne heure ces proportions & qu'il les cherchent encore; il rapporte l'opération du Prince Tsai-yu qui, dans ces derniers tems, a voulu les rétablir en faisant un pied sur les prétendues proportions de l'ancien pied de la dynastie de Hia.

La formation du systême musical des Chinois, la génération de ces 12 tuyaux, la circulation du son fondamental, la génération de ces 12 mêmes tuyaux par deux figures de l'Y-king qui représentent le ciel & la terre, & par d'autres figures du même livre, leur formation par les nombres, la manière de les éprouver, sont autant d'articles qui font l'objet des recherches de M. Amiot.

Il y a ajouté une troisième Partie qui est très courte, dans laquelle il traite de ce que les Chinois entendent par ton, de ce qu'ils appellent les sept principes; il examine s'ils connoissent ou ont connu anciennement ce que nous apellons le contrepoint; enfin il fait connoître leur manière d'accorder le kin ou leur espèce de lyre ; comme nous ne pouvons nous étendre sus tous ces différens objets pour lesquels il faut consulter l'Ouvrage même , nous nous bornerons dans cet Extrait à quelques réflexions particulières.

Les Chinois varient dans l'arrangement de leurs 12 tuyaux ou Lu , suivant les systêmes qu'ils embrassent ; mais l'ordre naturel & général, dégagé de tout systême, est celui que nous allons indiquer ; ils y ajoutent des nombres qui marquent la progression triple , comme chez les Egyptiens ; ces Lu sont ce que l'on appelle les 12 termes : ainsi M. l'Abbé Roussier a eu tort de dire que les Chinois n'avoient que la fin de la gamme de Pythagore , puisque les 12 termes en progression triple sont exprimés dans les premiers manuscrits de M. Amiot , qu'il avoit vus & consultés avant la publication de son Ouvrage en 1760. Voici ces Lu avec leur progression triple & les lunaisons qui y répondent , tels qu'il les rapporte pag. 191 de ce nouveau Traité de M. Amiot.

		Lunes.
1. Hoang tchong.	1.	XI.
2. Ta-lu.	3.	XII.
3. Tai-tsou.	9.	I.
4. Kia-tchong.	27.	II.
5. Kou-si.	81.	III.
6. Tchong-lu.	243.	IV.
7. Joui-pin.	729.	V.
8. Lin-tchong.	2187.	VI.
9. Y-tse.	6561.	VII.
10. Nan-lu.	19683.	VIII.
11. Vou-y.	59049.	IX.
12. Ing-tchong.	177147.	X.

Cet ordre est accompagné dans les livres chinois de douze figures de l'Y-king exprimées chacune par six lignes qui désignent la naissance, l'accroissement, la diminution & la renaissance périodique de deux premiers principes : ce qui devoit diriger M. Amiot , lui faire connoître tout le systême des Chinois & l'empêcher de leur attribuer une gamme par demi-tons que M. l'Abbé Roussier trouve avec raison ridicule. Voici cette gamme telle que M. Amiot la présente :

1.	Hoang-tchong.	fa.
2.	Ta-lu.	fa. *
3.	Tai-tsou.	sol.
4.	Kia-tchong.	sol *.
5.	Kou-si.	la.
6.	Tchong-lu.	la *.
7.	Joui-pin.	si.
8.	Lin-tchong.	ut.
9.	Y-tse.	ut *.
10.	Nan-lu.	re.
11.	Vou-y.	re *.
12.	Ing-tchong.	mi.

Les nombres de la progression triple que les Chinois joignent à ces 12 Lu ou termes, selon l'ordre que l'on vient de voir ci-dessus, démentent ce nouvel ordre de M. Amiot ; d'après cette progression , *fa* , par exemple , ne peut pas être 1 , & *fa* *

ne

ne peut pas être Ta-lu qui, dans la progreſſion triple, doit être 3. Il eſt obligé de renverſer l'ordre des Lu. (*voy. p. 231*.) Il ſemble que M. Amiot n'ait admis une telle ſérie de tons que pour éviter la reſſemblance & le rapport du ſyſtême égyptien avec celui des Chinois. Pourquoi, (*pl. 13, fig. 9*) prend-il Lin-tchong, 8ᵉ Lu, qu'il place à la 2ᵉ lune pour en faire un *ut* qui ſera quinte de *fa*. Il fait de ce *fa* le premier Lu répondant au nombre 1 ; & lorſqu'il parle des Lu & des tons, il aſſigne au *fa* le nombre 81 ; ce qui ne peut être.

Nous ne nous étendrons pas davantage ſur pluſieurs autres mépriſes de M. Amiot, qui prouvent qu'il n'a pas aſſez approfondi le ſyſtême muſical des Chinois ; mais nous allons le faire connoître en le développant davantage & en le rapprochant de celui des Egyptiens.

Les Chinois admettent pour la formation de l'Univers deux premiers Principes, l'un mâle & l'autre femelle, ayant tous les deux les qualités de produire ; c'eſt ce que Timée de Locres appelle l'*Etre toujours le même* & l'*Etre toujours divers*. De ces deux Principes ſont ſortis quatre autres, huit de ceux-ci, qui ſont les huit *Koua* ou les huit Elémens ; nous ſçavons que les Egyptiens en admettoient également huit. Les huit *Koua* des Chinois multipliés par eux-mêmes, produiſent 64 figures exprimées par ſix lignes, eſpèce d'écriture ſimbolique & myſtérieuſe inconnue au vulgaire.

Le premier Principe mâle qu'ils appellent *Yang*, eſt le ciel & le père de toutes choſes ; on le repréſente ou par par une ligne entière — ou par trois lignes également entières ☰. Les Chinois ſuppoſent qu'il croît inſenſiblement de lune en lune en le faiſant naître au ſolſtice d'hiver, qui répond à la onzième lune actuelle, commencement de cette forme d'année. Ils diſent qu'il eſt dans ſa plus grande force au ſolſtice d'été. Il va enſuite en déclinant au point qu'il eſt cenſé mourir près du ſolſtice d'hiver, qui eſt le terme de ſa renaiſſance. Les Egyptiens ont exactement dit la même choſe d'Oſiris, qu'ils font naître au ſolſtice d'hiver, croître inſenſiblement juſqu'au ſolſtice d'été, qu'il eſt dans ſa plus grande force, après quoi il décline & meurt à l'approche du ſolſtice d'hiver a pour renaître de nouveau. On peut conſulter ſur ces rapports ſinguliers un Mémoire de M. de Guignes imprimé dans le 40ᵉ volume du Recueil de l'Académie des Belles-Lettres.

Pendant le cours de ce premier principe mâle, les Chinois font naître au ſolſtice d'été leur *Yn* ou leur premier Principe femelle qui eſt la terre, la mère de toutes choſes ; ce premier Principe femelle ſuit la même marche que le précédent, naît au ſolſtice d'été, croît, eſt dans ſa plus grande force au ſolſtice d'hiver, décroît & meurt près du ſolſtice d'été, pour renaître de nouveau. On le repréſente par une ligne coupée — — ou par trois lignes également coupées ☷. Ce premier Principe femelle eſt le même que l'Isis des Egyptiens qui ont fixé au solstice d'été le commencement des générations, parce que cette Déesse étoit la mère de toutes choses. Leur année caniculaire commençoit aussi à cette époque.

Ces deux Principes règnent donc ensemble pendant le cours d'une année, & les Chinois représentent leur réunion par six lignes, de manière qu'au solstice d'hiver le Yang, qui ne fait que naître, est figuré par une seule ligne pleine, au-dessus de laquelle sont cinq lignes coupées, simbole du Yn ; à la 2ᵉ lune, par deux lignes, &c. ; à la 6ᵉ, il est représenté par six lignes entières, le Yn étant en quelque façon anéanti. Le Yn ou le Principe femelle naît au solstice d'été & croît dans la même proportion ; ensorte qu'au 12ᵉ terme il est représenté par six lignes coupées, le Yang n'existant plus. (*voy. pl. 19. fig. 15.*) Les lignes du Yang portent le nom de 9 ; ainsi l'on dit, en commençant par en bas, premier 9, second 9, ce qui signifie première, seconde ligne : celles du Yn portent le nom de 6.

La figure 15 de la planche XIX, qui se trouve aussi dans tous les livres chinois, devoit guider M. Amiot & lui faire connoître le véritable ordre des 12 Lu ou termes ; elle est entièrement conforme au cours des deux principes, tel que les Egyptiens & les Chinois le rapportent ; mais il a mieux aimé prendre un ordre différent que l'on voit planche XV. fig. 9. pour former une gamme de 12 demi-tons.

D'après le système que nous venons d'exposer, & qui est conforme à celui des Egyptiens, il résulte deux sortes de gammes produites par la grogression triple, l'une de l'année du ciel ou du Yang, dont les influences se font sentir en descendant vers la terre. Cette serie de tons est *si, mi, la, re, sol, ut, fa, si*♭ *mi*♭, *la*♭, *re*♭, *sol*♭. Voilà les 12 lunaisons pour le ciel. Les cinq dernièrs termes ne sont que des bémols, parce que la force du Yang diminue. La serie des 12 lunaisons qui ont rapport au Yn ou à la terre, va en montant relativement aux productions ou émanations de la terre qui s'élèvent. Cette serie *fa, ut, sol, re, la, mi, si, fa**, *ut**, *sol**, *re**, *la**, commence au 7ᵉ terme, c'est-à-dire au *fa* & au solstice d'été, tenis de la naissance du Yn. Les cinq derniers termes de cette serie sont cinq dièses relativement à l'affoiblissement de ce premier principe.

Ainsi toute l'année étoit distribuée par proportions musicales, & Plutarque nous dit la même chose des Egyptiens. C'est de ce système singulier que dérivent les deux ordres de tons, par bémols & par dièses, l'un en descendant, l'autre en montant, dont M. l'Abbé Roussier & M. Amiot n'ont pas apperçu l'origine que nous tenons des Grecs, & que ceux-ci tiennent des Egyptiens. Il nous paroît essentiel de joindre ici une Table qui en donne le développement, avec de courtes notes que nous tirons d'un Ouvrage particulier, dans lequel nous avons rassem-

TABLE DES DOUZE TERMES DU YANG ET DU YN.

Termes du Yang.

Nombre	Note	Ton / Lü / lune / cycle
1	fi	KIO I.er TON. — HOANG-TCHOUNG 1.er Lu / 1.re lune / TSE 1.er du cycle.
	la	
	sol	
	fa	
	mi	
	re	
	ut	
2	fi	
	la	
	sol	
	fa	
3	mi	YU II.me TON. — TA-LU 2.me Lu / 12.me lune / TCHEOU 2.me du cycle.
	re	
	ut	
4	fi	
	la	
	sol	
	fa	
6	mi	
	re	
	ut	
8	fi	CHANG III.me TON. — TAY-TSOU 3.me Lu / 1.re lune / YN 3.me du cycle.
9	la	
	sol	
	fa	
12	mi	
	re	
	ut	
16	fi	
18	la	
	sol	
	fa	
24	mi	TCHE IV.me TON. — KIA-TCHOUNG 4.me Lu / 2.me lune / MAO ou 4.me du cycle.
27	re	
	ut	
32	fi	
36	la	
	sol	
	fa	
48	mi	
54	re	
	ut	
64	fi	
72	la	KOUNG V.me TON. — KOU-SI 5.me Lu / 3.me lune / CHIN 5.me du cycle.
81	sol	
	fa	
96	mi	
108	re	
	ut	
128	fi	
144	la	
162	sol	
	fa	
192	mi	
216	re	TCHOUNG-LU 6.me Lu / 4.me lune / SE 6.me du cycle.
243	ut	
256	fi	
288	la	
324	sol	
	fa	
384	mi	
432	re	
486	ut	
512	fi	
576	la	
648	sol	JOU-PIN 7.me Lu / 5.me lune / OU 7.me du cycle.
729	fa	
768	mi	
864	re	
972	ut	
1024	fi	
1152	la	
1296	sol	
1458	fa	
1536	mi	
1728	re	
1944	ut	
2048	fi	
2187	fi♭	LIN-TCHOUNG 8.me Lu / 6.me lune / OUEI 8.me du cycle.
2304	la	
2592	sol	
2916	fa	
3072	mi	
3456	re	
3888	ut	
4096	fi	
4374	fi♭	
4608	la	
5184	sol	
5832	fa	
6144	mi	
6561	mi♭	Y-TSE 9.me Lu / 7.me lune / TCHIN 9.me du cycle.
6912	re	
7776	ut	
8192	fi	
8748	fi♭	
9216	la	
10368	sol	
11664	fa	
12288	mi	
13122	mi♭	
13824	re	
15552	ut	
16384	fi	
17496	fi♭	
18432	la	
19683	la♭	NAN-LU 10.me Lu / 8.me lune / YEOU 10.me du cycle.
20736	sol	
23328	fa	
24576	mi	
26244	mi♭	
27648	re	
31104	ut	
32768	fi	

Suite du Yang.

34992, 36864, 39366, 41472, 46656, 49152, 52488, 55296 — {OU-Y 11.me Lu / 9.me lune / SU 11.me du cycle.} — 59049, 62208, 65536, 69984, 73728, 78732, 82944, 93312, 98304, 104976, 118098, 124416, 131072, 139968, 147456, 157464, 165888 — {YNG-TCHOUNG 12.me Lu / 10.me lune / HAI 12.me du cycle.} — 177147, 186624, 196608, 209952, 221184, 236196, 248832, 262144, 279936, 294912, 314928, 331776, 354294, 373248, 393216, 419904, 442368, 472392, 497664

Numb. du Yang répétés. — Suite du Yn.

Numb. du Yang répétés	Suite du Yn	Note	
48	34992	ut	
54	39366	re / mi	
64	46656	sol	
72	52488	sol	
81	59049	la	5 terme.
96	69984	ut	
108	78732	re / mi	
128	93312	fa	
144	104976	sol	
162	118098	la / fi	
192	139968	ut	
216	157464	re	
243	177147	mi	6 terme.
288	209952	sol	
324	236196	la	
384	279936	ut	
432	314928	re	
486	354294	mi	
512	373248	fa	
576	419904	sol	
648	472392	la	

COMMA. — ut♯ 531441 / 524288 fi / 559872 fi♭ — 7.53

729	531441	fi	7 terme. 11 lune.
768	559872	ut	
864	629856	re	
972	708588	mi	
1024	746496	fa	
1152	839808	sol	
1296	944784	la	
1458	1061882	fi	
1536	1119744	ut	
1728	1259712	re	
1944	1417176	mi	
2048	1492992	fa	
2187	1594323	fa♯	8 terme. 12 lune.
2304	1679616	sol	
2592	1889568	la	
2916	2125764	fi	
3072	2239488	ut	
3456	2519424	re	
3888	2834352	mi	
4096	2985984	fa	
4374	3188646	fa♯	
4608	3359232	sol	
5184	3779136	la	
5832	4251528	fi	
6144	4478976	ut	
6561	4781969	ut♯	9 terme. 1 lune.
6912	5038848	re	
7776	5668704	mi	
8192	5971968	fa	
8748	6377292	fa♯	
9216	6618464	sol	
10368	7558272	la	
11664	8503056	fi	
12288	8957952	ut	
13122	9565938	ut♯	
13824	10077696	re	
15552	11337408	mi	
16384	11943936	fa	
17496	12754584	fa♯	
18432	13236928	sol	
19683	14348907	sol♯	10 terme. 2 lune.
20736	15116544	la	
23328	17006112	fi	
24576	17815904	ut	
26244	19131876	ut♯	
27648	20155392	re	
31104	22674816	mi	
32768	23887872	fa	
34992	25509168	fa♯	
36864	26473856	sol	
39366	28697814	sol♯	
41472	30233088	la	
46656	34012224	fi	
49152	35831808	ut	
52488	38163752	ut♯	
55296	40310784	re	
59049	43046721	re♯	11 terme. 3 lune.
62208	45349632	mi	
65536	47775744	fa	
69984	51018336	fa♯	
73728	53947712	sol	
78732	57395628	sol♯	
82944	60466176	la	
93312	68024448	fi	
98304	71663616	ut	
104976	76527504	ut♯	
110592	80621568	re	

Nombres du Yang répétés. — Termes du Yn.

Nombres du Yang répétés	Termes du Yn	Note	
1	729	fa	1 terme.
		sol / la / fi / ut / re / mi	
2	1458	fa	
		sol / la / fi	
3	2187	ut	2 terme.
		re / mi	
4	2916	fa	
		sol / la / fi	
6	4374	ut	
		re / mi	
8	5832	fa	
9	6561	sol	3 terme.
		la / fi	
12	8748	ut	
		re / mi	
16	11664	fa	
18	13122	sol	
		la / fi	
24	17496	ut	
27	19683	re	4 terme.
		mi	
32	23328	fa	
36	26244	sol	
		la / fi	

Suite du Yn.

Numb. du Yang répétés	Suite du Yn	Note	
118098	86093442	re♯	
124416	90699264	mi	
131072	95551488	fa	
139968	101036672	fa♯	
147456	105895424	sol	
157464	114791256	sol♯	
165888	120932352	la	
177147	129140163	la♯	12 terme. 4 lune.
186624	136048896	fi	
196608	143327232	ut	
209952	153055008	ut♯	
221184	161243136	re	
236196	172186884	re♯	
248832	181398528	mi	
262144	191102976	fa	
279936	204073344	fa♯	
294912	211790848	sol	
314928	229582512	sol♯	
331776	241864704	la	
354294	258280328	la♯	
373248	272097792	fi	
393216	286654464	ut	
419904	306110016	ut♯	
442368	322486272	re	
472392	344373768	re♯	
497664	362797056	mi	

531441		mi♯ 387420489 commun.
524288	382105952 fa	5214537 ou
559872	408146688 fa♯	729 fois 531441

blé tout ce qui peut concerner le rapport des Égyptiens & des Chinois. Cette Table & ces notes serviront à expliquer certains points que nous comparerons avec ce que Plutarque nous rapporte des Égyptiens sur les nombres & sur leur rapport avec la musique : de plus grands détails nous conduiroient trop loin.

EXPLICATION DE LA TABLE.

Termes du Yang.

Les Chinois ont cinq tons en progreffion triple & deux demi-tons, qui font les même que les premiers Lu : ils ont douze Lu ou termes dans la même progreffion, qui répondent à chaque lune défignée par un caractère du cycle de 12.

(De 1 à 2) l'octave; 2 dans la philofophie des nombres eft la femelle de 1.

(De 2 à 3) la quinte; 3 eft la production de 1 & de 2 chez les Chinois comme chez les Pythagoriciens. La quinte eft la douzième de 1 ; ainfi les 12 Lu des Chinois ne font pas rangés par demi-tons comme le prétend M. Amiot, mais par quintes en progreffion triple, de même que les 12 termes des Egyptiens.

(De 3 à 4) la quarte. Ces quatre nombres forment le quarternaire de Pythagore, duquel font engendrés les fons : 1, 2, 3 & 4, additionnés enfemble produifent 10.

(6) eft l'octave de 3 & fa femelle. Plutarque appelle ce nombre mariage, parce qu'il eft compofé de 1,

de 2 & de 3 qui forment 6 , en réuniffant le 3 & le 6 il en réfulte la quinte 9.

(De 8 à 9) le ton. Ces nombres 1, 2, 3, 4, 5, 6, 7 & 8, font les nombres de Pythagore, qui forment enfemble 36 ; ou fon fecond quarternaire rapporté par Plutarque. Chez les Chinois, les *Koua*, qui font les élémens de toutes les productions, font auffi au nombre de 8 & forment 36 ; 2 & 3 font 5 ou la quinte, 5 & 4 font 9 ou le ton, 7 & 6 font 13 ou le demi ton, 1 & 8 modèles du ton.

(De 6 à 12) la lyre de Mercure, 6, 8, 9, 12 font le nombre 35 dans Plutarque : 9 & fa femelle 18 ont engendré 27 ; c'eft à ce nombre 27 que Platon a établi fa pyramide :

$$
\begin{array}{c}
1 \\
2 \, . \, 5 \, . \, 3 \\
4 \, . \, . \, 13 \, . \, . \, 9 \\
8 \, . \, . \, . \, 35 \, . \, . \, . \, . \, 27
\end{array}
$$

De 2 à 3 la quinte. De 4 à 9 le demi-ton. De 8 à 27 qui font 35, l'harmonie; mais le ton ne s'y trouve point comme dans le quarternaire de Pythagore.

(De 27 à 32) la tierce mineure. Les nombre que les Chinois attribuent aux cordes établies par Vou-vang font tous à 34 les uns des autres. On voit qu'ils avoient l'idée de 8 à 9 pour le ton , & qu'ils l'ont mis de 32 à 36 ; ce qui n'eft pas jufte.

(De 48 à 81) les cinq tons chinois, qui font, *koung* fol, *chang* la, *kio*

81   72   64

si, *tche* re , *yu* mi , qui font les octaves des radicaux , 81 *sol* , 9 *la* , 1 *si* , 27 *re* , *mi* 3 , qui forment les quintes 1 , 3 , 9 , 27 , 81 , *si* , *mi* , *la* , *re* , *sol* , &c.

(64) Les 8 *Koua* de Fou-hi multipliés par eux mêmes font au nombre de 64.

(De 64 à 81) tierce majeure ; 81 est appellé par les chinois *Koung*. C'est à tort que M. Amiot le nomme *fa* , puisque dans son systême le hoang-tchoung ou premier Lu qui est 1 étant *fa* , ce *fa* ne peut pas être encore 81.

(144 & 216.) Les Chinois appellent le nombre 144 le grand *Yn* , que nous avons vu être le premier principe femelle ; 216 est le grand *Yang*. Ces deux nombres réunis font 360 , durée de l'année, telle qu'elle étoit chez les Egyptiens & chez les Chinois.

(192) Les *Koua* font au nombre de 64 , tous composés de six lignes , parce qu'ils font doubles ; ce qui fait 192 pour le *Yang* & autant pour le *Yn* ; 192 multiplié par 24 , nombre du *Yn* , donne 4608 pour la vieille *Yn*. Ce même nombre 192 , multiplié par 36 , nombre du *Yang*, donne 6912 pour le vieil *Yang*, ce qui forme une période de 32 années.

(De 243 *ut* à 256 *si*) demi-ton diatonique ou le limma des Grecs qui est 13 , appellé défaut par Plutarque , & *pien* par les Chinois.

(384.) Commencement de l'ame du monde suivant Timée. Les Chinois ont 64 *Koua* , qui font composés chacun de six lignes , dont trois pour le *Yang* & autant pour le *Yn* ; ce qui donne pour chacun 192 , comme nous l'avons dit : or deux fois 192 font 384 , nombre qui , dans le systême chinois , comprend toutes les productions de l'univers ; il falloit que tout existât pour établir cette ame du monde ; voilà pourquoi Timée dit que Dieu plaça d'abord une première unité qu'on peut représenter par le nombre 384. Suivant Plutarque , (*Traité de la création de l'ame*) Eudorus prit pour le premier nombre celui de 384 , qui se fait , dit-il , en multipliant 64 par 6. On voit ici les 64 *Koua* multipliés par leurs lignes qui font au nombre de six. Ces *Koua* font les simboles de toutes les productions : ainsi 384 est la représentation du premier nombre 1 , qui est le mâle ou le *Yang* , comme 729 est celle du premier nombre *Yn* ou principe femelle.

(729) A ce nombre finit la gamme composée de cinq tons , *si* , *mi* , *la* , *re* , *sol* , & de deux demi-tons , *ut* , *fa*. En prenant comme les Chinois au Koung *sol* 81 , *la* 9 , *si* 1 , *ut* 243 , *re* 27 , *mi* 3 , *fa* 729 , qui forment les quintes 1 , 3 , 9 , 27 , 81 , 243, 729, on voit pourquoi Gui d'Arezzo a commencé sa gamme par *sol* , les Egyptiens par *si* 1 , *la* 9 , *sol* 81 , *fa* 729 , *mi* 3 , *re* 27 , *ut* 243 , & la nôtre qui est prise en montant par *ut* , *re* , &c.

(2048 à 2187.) Demi-ton chromatique ou apotome ; c'est à ce huitième Lu que l'on peut trouver les huit principes de Chun dont il est parlé dans le Chouking. Pour obrenir la gamme par demi-tons, il faut aller du premier Lu au huitième & ainſi des autres. C'eſt à tort que M. Amiot fait de ce huitième Lu la quinte du premier, en prenant le hoang-tchoung pour *fa*, lin-tchoung pour *ut*, afin de trouver une quinte de *fa*. La preuve que les huitièmes termes ne furent jamais la quinte chez les Anciens ſe tire de Plutarque, qui dit, (*Opinions des Philoſophes*) qu'il y a 8 mois qui ne ſont pas propres à la génération, & 7 qui le ſont. Les ſignes céleſtes qui ne ſont pas propres, ſont ceux qui tombent dans les étoiles qui dominent ſur les maiſons céleſtes, & qui donnent à ceux qui naiſſent une vie courte & malheureuſe. Ces ſignes ſont ceux dont le premier eſt 1 & le dernier 8, ainſi :

Du Bélier au Scorpion. (c.-à-d.) Du *re* au *re* ♭.	
Du Taureau au Sagittaire.	Du *fol* au *fol* ♭.
Des Gémeaux au Capric.	De l'*ut* au *fi*.
Du Cancer au Verſeau.	Du *fa* au *mi*.
Du Lion aux Poiſſons.	Du *fi* ♭ au *la*.
De la Vierge au Bélier.	Du *mi* ♭ au *re*.

& que ceux qui naiſſent ainſi au 8me periſſent à cauſe du déſaccord de l'univers.

(4068.) Vieille *Yn* ſelon les Chinois.

(6912.) Le vieil *Yang*. On a déjà vu que le nombre 192 multiplié par 24, donnoit 4068 pour la vieille *Yn*, & que multiplié par 36, il donnoit 6912 pour le vieil *Yang*. Ces deux nombres additionnés donnent 11520 ; ce qui fait 32 années chinoiſes de 360 jours.

(9216.) Fin du ſyſtême des Grecs.

(10368.) Fin de l'ame du monde de Timée, commençant à 384, 8e. terme de 3, & finiſſant à 10368, 8e terme de 81 ; en tout 36 nombres ; 27 fois 384 font 10368. Le total de l'ame du monde eſt ſuivant Timée 114695. On remarquera que le dernier terme de l'ame en prenant les radicaux 3, 9, 27, 81 ; ce 81 eſt le *Koung* des Chinois.

(131072.) Ce nombre eſt le 18e. terme de la progreſſion double de 1, après lequel, ſuivant les Chinois, on n'opère plus ; pour trouver la gamme de *fi* par demi-tons, il faudroit la prendre à ce terme.

(177147.) Douzième terme de la progreſſion triple, après lequel le *Yang* n'opère plus. M. Amiot, dans ſes premiers manuſcrits, faiſoit commencer la gamme à ce nombre, qui ſeroit un *fol* ♭. Voyez ſon Mémoire, page 216.

(531441.) Treizième terme exclu par les Chinois & par Pythagore qui l'appelle *comma* ; la raiſon eſt que l'*ut* ♭ ſeroit au-deſſous du *fi* 524288 de 7153, & formeroit un *fi* plus bas. Il faut donc revenir au 1er terme.

Termes du Yn.

(729.) A ce nombre ou à ce terme qui eſt le 7me du *Yang*, répondant au ſolſtice d'été, commence le cours du *Yn* des Chinois ou d'Iſis des Egyptiens. Les Chinois diſent qu'en partant de ce nombre 729, qui eſt le joui-pin, (*fa*) il faut aller juſqu'au nombre de 9551488, après lequel on n'opère plus, & qu'on obtient alors cinq nouveaux Lu, ce qui n'est pas trop clair ; mais par l'explication que nous en donnons, on voit que les Chinois ont raison : 9555148 est le 18me terme de la progreſſion double de 729, comme 129140163 est le 12me de la progreſſion triple, après lequel le *Yn* n'opère plus ; par-là on obtient les 12 termes du *Yn*, qui produit des dièſes au lieu de bémols. Ces 12 termes déſignent ſon cours en ſe combinant avec ceux du *Yang* ; ce qui ſe rapporte à ce que dit Plutarque, *Traité d'Iſis & Oſiris*, que l'hiver est appellé *Saturne*, & l'été *Vénus*, que de Saturne & de Vénus tout a été engendré. Le *Yang*, qui doit répondre ici à Saturne, commence en effet à naître en hiver, & le *Yn* qui doit répondre à Vénus naît en été. Sur un monument égyptien repréſentant les ſept planètes, M. l'Abbé Rouſſier a obſervé qu'elles étoient rangées dans l'ordre de la progreſſion triple, *ſi*, *mi*, *la*, *re*, *ſol*, *ut*, *fa*, le *ſi* répondant à Saturne & le *fa* à Vénus ; de même chez les Chinois le premier Lu ou terme du *Yang* répond au *ſi*, & le premier *lu* du *Yn* répond au *fa*.

Plutarque dit encore, *de Iſid.* que la lune ou Iſis est de nature double mâle & femelle, femelle en ce qu'elle engendre par le concours du ſoleil, mâle en ce qu'elle répand elle-même des principes de génération. De même chez les Chinois le *Yn* conſidéré comme nombre 2, est femelle ; conſidéré au nombre 729, il devient comme le 1 & engendre des tons ; c'est de 729 qu'il faut partir pour obtenir 12 nouveaux termes, dont les 5 derniers ſont dièſes tandis que les 5 derniers du *Yang* ſont bémols.

La gamme du *Yang* procède en deſcendant, celle du *Yn*, par une marche oppoſée, en ſuivant toujours cependant celle du *Yang*, va en montant ; ce qui est conforme à ce que diſent Timée de Locres & Platon, que le Principe *toujours le même* ou le cercle *du même* va d'orient en occident, & que le Principe *toujours divers* ou le cercle de *l'autre*, renfermant deux forces oppoſées, va comme le précédent d'orient en occident, & en même-tems ſe porte en ſens contraire, d'occident en orient, ce qui peut tendre à éclaircir le paſſage de Platon. Il ne faut point confondre cette gamme de *fa* que nous donnons ici avec celle de M. Amiot, qui est toute différente en ce qu'elle procède par demi-tons, qu'elle est appliquée au *Yang*, & que ce Miſſionnaire n'a pas parlé de celle du *Yn*.

Les nombres 1, 2, 3, 4, &c. qui ſont vis-à-vis la gamme du *Yn* & de ſes nombres, n'y ſont placés que pour faire voir que le *Yn* procède comme le *Yang* dans ſa progreſſion double & triple ; ils ſont les mêmes que ceux du *Yang*.

De 729 à 1458 (comme de 1 à 2) l'octave. Ces deux nombres réunis produiſent 2187.

De 1458 à 2187 (comme de 2 à 3) la quinte.

De 2187 à 2916 (comme de 3 à 4) la quarte.

De 5832 à 6561 (comme de 8 à 9) le ton.

De 19683 à 23288 (comme de 27 à 32) tierce mineure en montant.

De 34992 jusqu'à 59049 (comme 48 à 81) font les cinq tons produits par le *Yn*, [59049] *la*, [52488] *fol*, [46576] [39966] [34992]. *fa*, *re*, *ut*, octaves des radicaux, 59049 *la*, 6561 *fol*, 729 *fa*, 19683 *re*, 2187 *ut*, qui forment les quintes 729, 2187, 6561, 19683, 59049, *fa*, *ut*, *fol*, *re*, *la*. M. Amiot a pris la gamme du *Yn*, à laquelle il a attribué les nombres du [1.] [3] [9.] [27.] [81.] *Yang*, *fa*, *ut*, *fol*, *re*, *la*, comme on le voit à la page 158 ; ce qui eft une contradiction avec ce qu'il dit page 119, où il fait koung 81 *fa* ; de même, planche 14, il fait ce hoang - tchoung *fa* 81 : or ce *fa* étant 81, il ne peut plus être Principe , & ce feroit le *la* ; ce qui prouve que M. Amiot ne fçait à quoi s'en tenir.

De 46466 à 59049 (comme de 64 à 81) tierce majeure en montant.

De 177147 à 186624 (comme 243 à 256) demi-ton diatonique ou limma.

531441. On voit à ce terme l'union des principes chez les Grecs & chez les Chinois. Le comma ou treizième terme , ne peut avoir lieu pour le *Yang* , comme nous l'avons dit dans les notes fur ce principe. Ici ce nombre ou terme eft un radical engendré par le *Yn* à fon feptième ter-

me, mais un peu plus bas, parce que le *Yn* eft fubordonné au *Yang*.

Cette gamme du *Yn* nous préfente les cinq tons, *fa*, *ut*, *fol*, *re*, *la*, & les deux demi-tons *mi*, *fi*. En prenant par le *koung* 944784 *la*, on a *la*, *fol*, *fa*, *mi*, *re*, *ut*, *fi*, le *la* devient la proflambanomène des Grecs, & on voit la gamme des Egyptiens , *fi*, *ut*, &c.

Nous croyons devoir obferver ici que dans chacun de ces deux fyftêmes , celui du *Yang* & celui du *Yn*, il n'y a proprement que cinq tons dans le premier *fi*, *mi*, *la*, *re*, *fol* ; *ut*, *fa* étant demi-tons ; & dans le fecond *fa*, *ut*, *fol*, *re*, *la* ; *mi*, *fi*, de même demi-tons ; ce qui revient à ce que les Grecs ont dit que les Egyptiens n'avoient que cinq tons dans leur mufique : par la même raifon les Chinois n'en comptent que cinq.

1594323. (comme de 2048 à 2187.) Demi-ton chromatique ou apotome. On voit ici la marche conftante & régulière de ce fyftême , par lequel le *Yang* ou le *Yn*, au huitième terme , engendrent, le premier des bémols, le fecond des dièfes.

95551448. (comme 131072.) Ce nombre eft le 18me terme de la progreffion double de 729 , après lequel le *Yn* n'opère plus. On a vu que du premier terme du *Yang* au nombre 131072 , on compte également 18 termes en progreffion double ; ce qui fait 36 ou le grand quarternaire de Pythagore , qui défignoit toute la nature & étoit le grand ferment de fes difciples.

Pour trouver les 12 lu ou termes des Chinois, tels que M. Amiot les préfente par demi-tons & commençant par *fa*, il faudroit les prendre à ce nombre; ce qui prouveroit la perte totale de leurs principes, parce qu'on ne pourroit appliquer la progreffion triple à cette fuite de demi-tons.

(129140163.) Douzième terme de la progreffion triple du *Yn*, qui, joint aux 12 du *Yang*, produifent tous les tons & les demi-tons, bémols & dièfes; c'eft à ce 12ᵉ terme que finit le *Yn*, pour recommencer de nouveau.

(387420489) Ce 13ᵉ terme eft un comma, terme exclu par Pythagore & par les Chinois, puifque le *mi* * 387420489 feroit au-deffus du *fa* 382205952 de 5214537, ou 729 fois 7153, qui eft le défaut du comma du *Yang*. Il faut donc revenir au 1ᵉʳ terme 729.

Il faut remarquer ici que cette Table doit former deux cercles, comme le dit Platon, enforte que ces deux cercles marchent enfemble : ainfi le 7ᵐᵉ terme du *Yn* fe retrouve vis-à-vis le 1ᵉʳ terme du *Yang*.